Mănăstiri şi biserici din România

Monasteries and Churches of Romania

Moldova şi Bucovina

Moldavia and Bukowina

noi media print

Descrierea CIP a Bibliotecii Naţionale a României
Gheorghiu, Mihai
Mănăstiri din România: Moldova şi Bucovina / text şi legendă:
Mihai Gheorghiu, Valeriu Cimpoeru; foto.: Dan Ioan Dinescu,
Mircea Savu, Ştefan Petrescu; grafică: Ovidiu Morar, Mihaela Dulea;
trad.: Alina Cârâc.-Bucureşti: NOI Media Print, 2005
ISBN: 973-7959-20-5

I. Cimpoeru, Valeriu
II. Dinescu, Dan Ioan (foto.)
III. Savu, Mircea (foto.)
IV. Petrescu, Ştefan (foto.)
V. Morar, Ovidiu (graf.)
VI. Dulea, Mihaela (graf.)
VII. Cârâc, Alina (trad.)

726.7(498)

Cuprins
Contents

Mănăstiri şi biserici din România
Monasteries and Churches of Romania

Moldova şi Bucovina
Moldavia and Bukowina

noi media print

Ethosul medieval românesc
The Romanian Medieval Ethos

Arhitectura religioasă moldovenească este creaţia remarcabilă a unei civilizaţii care îşi atinge maturitatea, echilibrul interior şi o anumită autonomie, având totodată conştiinţa unei certe filiaţii spirituale. Tragedia căderii Constantinopolului găseşte Ţările Române într-un moment fast, de avânt şi consolidare. Translaţia tradiţiei bizantine îşi găseşte astfel un făgaş aşa-zicând „natural" la curţile domneşti ale celor două ţări.

Modelul impus de tradiţia bizantină domină spaţiul valah, dar primeşte neîncetat pecetea unui *genius loci* românesc. De la Ştefan cel Mare, Petru Rareş şi Vasile Lupu la Cantacuzini şi Brâncoveni, „Bizanţul" românesc îşi trăieşte propriul ritm armonic dictat de o *forma mentis* autohtonă.

Stilul moldovenesc al arhitecturii religioase (influenţate în mod cert de arhitectura militară şi civilă) şi al picturii murale este opera de bun augur a unei civilizaţii aflate la apogeul creativităţii sale. A doua jumătate a secolului al XV-lea şi întregul secol al XVI-lea alcătuiesc vârsta de aur a medievalităţii româneşti, aflate în dezvoltare militară, diplomatică, culturală şi artistică. Din 1400 până în 1600 trec două secole de acumulări în creaţia românească, ce începe să-şi dezvolte personalitatea proprie, distinctă, dar permanent ancorată în matricea tradiţiei teologice şi estetice imperiale. Biserici, mănăstiri, cetăţi, miniaturi, broderii, sculpturi şi atâtea altele recompun imaginea unei civilizaţii constituite ca un continuum al tradiţiei bizantine şi asumându-şi permanent această matrice spirituală. În toate aceste ctitorii se vede gestul voievodului care îşi împlineşte datoria de protector şi slujitor al credinţei.

Pictura murală a bisericilor mănăstirilor moldoveneşti din epoca lui Ştefan cel Mare şi cea a lui Petru Rareş reprezintă un patrimoniu universal, o dovadă a autenticităţii şi creativităţii şcolilor artistice

Moldavian religious architecture is the outstanding creation of a civilization about to reach maturity, interior poise, and a certain autonomy, while preserving its definite spiritual heritage. The tragic collapse of Constantinople found the Romanian Lands in a favorable moment of consolidation and progress.

Thus, the Byzantine tradition got most naturally grafted on the local spirit of the Wallachian and Moldavian courts, constantly enhanced by the Romanian *genius loci*. From Stephen the Great, Petru Rares and Vasile Lupu to the Cantacuzinos and the Brancovans, the Romanian Byzantium experienced its own harmonious rhythm dictated by a distinct autochthonous cast of mind.

The Moldavian style of religious architecture (bearing the obvious influence of military and civilian architecture) and of mural painting is the well-auguring creation of a civilization at an acme of creativeness. The second half of the 15th century and the entire 16th century represent the golden age of Romanian medievalism at the height of its military, diplomatic, cultural, and artistic development. From 1400 to 1600 the Romanian creation matured, finding a distinct personality, yet constantly anchored in the matrix of imperial theological and aesthetic tradition. Churches, monasteries, citadels, illuminations, embroideries, sculptures and many others compose the image of a civilization that went in the footsteps of the Byzantine tradition, constantly assuming this spiritual mould. All these artifacts evince also the desire of the ruling princes to fulfill their duty as protectors and servants of the faith.

The mural paintings in the Moldavian monasteries and churches from the time of Stephen the Great and Petru Rares now belong to the world heritage, standing proof of the genius and creativity of the local art schools. The churches of the Moldavian monasteries are a historic, artistic and theological expression of the moldoveneşti. Bisericile mănăstirilor moldoveneşti sunt expresia istorică, artistică şi teologică a spiritului medieval românesc. „Estetica" acestei picturi este în întregime de extracţie plastică, „icoana" acestei picturi este fundamental frumuseţe teologică, transmitere a mesajului liturgic.

Umanitatea picturii murale este una trasfigurată, lipsită de spaţialitate, de perspectivă, pentru că „zugravul" nu construieşte iluzia unei realităţi cotidiene, ci aduce doar vedenia unei lumi văzute sau întrevăzute de profeţi, sfinţi sau binecredincioşi. Reprezentarea trupului uman este aici canonică, deci o funcţie a semnificaţiei teologice şi nu realistă, încercând să refacă un concret vizibil natural. Imaginea este permanentă trimitere la Evanghelie, la istoria sacră *ante legem* şi *post legem*. Ea aduce la prezenţă sensul predat. Frumuseţea picturală rezidă în prospeţimea tipului de abordare, în armonia coloristicii, în ingeniozitatea soluţiilor cromatice, în măiestria găsirii corespondenţei dintre pictură şi arhitectură, în siguranţa desenului care „citeşte" Biblia.

De la gestul ctitoririi până la ultima imagine pictată, biserica este un act de ofrandă şi un legământ de credinţă. Nimic nu este gratuit, nimic nu este în plus, totul este un întreg armonic.

Frescele bisericilor moldoveneşti ascund şi transformă piatra sau cărămida în liturghie şi vedere a adevărului. Piatra zidirii este transfigurată de icoană, materia este dizolvată în imagine şi culoare, în semn al nevăzutului. Biserica exprimă omul medieval din spaţiul românesc, spiritul său călăuzit de istoria evanghelică, întotdeauna deschisă pentru sensul judecăţii finale.

Ctitorul este cel care arvuneşte de aici comoara paradisului şi a judecăţii lui Dumnezeu, iar biserica este chivotul unui straşnic legământ, a unei umilinţe desăvârşite numai în faţa părintelui ceresc. El dăruieşte şi se dăruieşte, reunind smerenia şi mândria într-un singur gest.

Romanian medieval spirit. "The aesthetics" of this painting is entirely plastic, its "icon" expressing theological beauty, and conveying a liturgical message.

The humanity of the murals is transfixed, lacking in spatiality and perspective since the artists did not depict the illusion of daily reality but the image of a world seen or glimpsed only by prophets, saints, and the faithful. The representation of the human body is therefore canonical, a function of the theological meaning, not realistic or attempting to present a concrete natural and visible world. Images are permanently suggesting the Gospels, the sacred history *ante legem* and *post legem*. Pictorial beauty springs from the freshness of the approach, the harmonious colors, the ingenious chromatic solutions, and the masterful correspondence between painting and architecture, the assuredness of the drawing that interprets the Bible.

From their very foundation down to the last painted image, churches are an offering and a pledge of faith. Nothing is redundant, nothing is gratuitous, and everything creates a harmonious whole.

The frescoes on the Moldavian churches ensconce and turn stone or brick into liturgy and perception of the truth. The icon transforms the building stone, matter dissolves into image and color as a token of the unseen. Churches express medieval men from the Romanian space, their spirit guided by the Gospels, and constantly open to the final judgement.

The founders of religious abodes offer an advance down here for the paradisiacal treasure up there and for God's judgement, while a church represents the ark of a mighty covenant, of consummate humility before the heavenly father. The founders give and also give themselves, combining meekness and pride in a single gesture.

Frescoes dematerialize the walls, they pierce their opaqueness and gravitational force. Gothic churches send to the sky ever-sharper shapes in a final ascensional

Fresca dematerializează zidul, îi dislocă opacitatea şi forţa gravitaţională. Dacă biserica gotică se înalţă la cer în forme din ce în ce mai ascuţite, într-o ultimă încercare ascensională, în schimb biserica pictată în exterior se dezvoltă pe orizontală, aşezată molcom pe pământ şi perfect armonizată cu peisajul, dar găseşte alt mod de a învinge gravitaţia şi materialitatea acoperindu-se cu icoane ale transparenţei teologice şi păstrând astfel numai materialitatea strict necesară a mesajului purtat de dincolo către aici şi de aici către dincolo.

„Este de datoria pictorilor să execute ceea ce Părinţii comandă şi prescriu" dictează Conciliul de la Niceea (cf. Charles Diehl, *Bizantine Art*, Baynes & Moss, Byzantinum, 1948, p.179). „Zugravul" ortodox este un emerit care trebuie să picteze sub har şi în asceză o umanitate a păcatului şi a mântuirii.

Marile fresce exterioare ale bisericilor mănăstirilor bucovinene sunt teologie desfăşurată ca o mantie pe zidurile bisericilor, iar portretele votive ale domnitorilor, care închină „chivotele" bisericilor însuşi Mântuitorului, demonstrează la rândul lor semnificaţia major teologică a ctitoririi.

Desigur, o dată cu începutul secolului al XVII-lea atât stilul arhitectural cât şi cel pictural se modifică, hieratismul picturii murale se atenuează în bună măsură, iar arhitectura religioasă se diversifică, dobândind influenţe renascentiste şi baroce care conduc la pierderea unităţii stilistice în favoarea ajungerii la formule unicat. Vasile Lupu, cu impresionanta sa apetenţă pentru fast, tradiţie imperială şi împrumuturi strălucitoare, este reprezentativ prin ctitoriile sale în această epocă asupra căreia îşi pune amprenta. Arta Moldovei intră acum într-o altă epocă şi într-un alt ritm al istoriei.

Vârsta premodernă şi cea modernă îşi anunţă venirea, influenţele occidentale sunt din ce în ce mai puternice, iar stilul artei creştine din ce în ce mai elastic.

attempt. In exchange, churches painted on the outside grow on the horizontal, blandly stuck to the ground, in perfect harmony with the scenery. Nonetheless, they discover another method of defeating gravity and materialness: getting covered all over with icons of theological transparency, and thus preserving only as much materialness as necessary to convey the message from beyond over here and from down here to beyond.

"It is the duty of painters to carry out what the Fathers order and prescribe", stipulates the Council of Niceea (cf. Charles Diehl, *Byzantine Art*, Baynes & Moss, Byzantium, 1948, p. 179). The Orthodox painter is an artist who must paint with afflatus and in austerity a humanity of sin and redemption.

The great outer frescoes of the churches of the Bukovina monasteries are theology unfolding on walls like a mantle; the votive portraits of the princes dedicate the church arches to the Savior Himself, in order to prove one more time the major theological significance of the respective abodes.

With the turn of the 17th century architectural and pictorial styles changed. The hieratic nature of the murals considerably diminished, religious architecture diversified, acquiring Renaissance and baroque touches that shattered the stylistic unity in favor of unique formulas. By his foundations, Vasile Lupu, with his impressive penchant for pomp, imperial tradition and brilliant loans is representative for that epoch on which he left his indelible mark. Moldavian art entered then a new stage, a different historical rhythm.

Pre-modern and modern times were already dawning, western influences became more and more powerful, and the style of Christian art showed tremendous elasticity. Byzantine tradition started to fade away, although mural painting continued to obey the Byzantine painting canons. The monuments and the painting of the 18th century attest to all these changes as well as to the more and more diverse trends emerging.

Tradiţia bizantină devine un ecou din ce în ce mai palid, deşi pictura murală va respecta în continuare erminia picturii bizantine. Monumentele şi pictura secolului al XVIII-lea atestă toate aceste schimbări, precum şi influenţele din ce în ce mai diverse, care îşi fac simţită prezenţa.

Începând cu 1711, o dată cu prima domnie fanariotă, Moldova, şi cu ea întreaga civilizaţie românească, intră într-o epocă nouă, dominată de instabilitate, de control excesiv al Porţii, dar şi de o deschidere pronunţată spre influenţele occidentale vehiculate tocmai prin intermediul fanarioţilor. Aceste influenţe vor decide în final drumul spre modernitate al culturii române şi integrarea sa în concertul european al secolului al XIX-lea. Dar chipul culturii române va rămâne totuşi dominat în permanenţă de o tensiune dublă guvernată de o origine dublă a stilului naţional. Orient bizantin şi occident european au fost şi rămân dimensiuni ale sintezei culturii româneşti.

Starting with 1711 and the first ruler from the Phanar appointed to the Moldavian throne, the Romanian land and its entire civilization embarked upon a new epoch marred by instability and the Porte's excessive control, yet also benefiting from western touches brought about by the very Phanar rulers. All this minglement would finally pave the way for the modern times of the Romanian lands, which became integrated into the European concert in the 19th century. Still, the Romanian culture remained prone to a two-fold tension governed by the dual origin of the national style. The Byzantine Orient and the European Occident will stay for ever blended in the Romanian spirit and culture.

Mihai Gheorghiu

Mănăstirea Putna
The Putna Monastery

Biserica Mănăstirii Putna, văzută dinspre sud-vest

The church of the Putna Monastery, seen from the southwest

Ctitorie şi necropolă a voievodului Ştefan cel Mare, centru artistic şi cărturăresc. Construită în 1466-1469, ca mănăstire fortificată, a fost refăcută în 1472, în urma unui incendiu. Pustiită de mai multe ori şi reconstruită în 1966-1988, ea nu mai păstrează din epoca lui Ştefan cel Mare decât Turnul Tezaurului (1481). Muzeul mănăstirii posedă o bogată colecţie de broderii religioase vechi, manuscrise miniate şi obiecte de cult.

De dimensiuni impunătoare, biserica mănăstirii, cu hramul Adormirea Maicii Domnului, a fost ridicată între 1654 şi 1662 de domnitorii Vasile Lupu şi Gheorghe Ştefan. Edificiul reia planul bisericii iniţiale: plan treflat, cu proporţii alungite, având 37 m lungime, 15 m lăţime în dreptul absidelor laterale şi 33 m înălţime. Interiorul este împărţit între tinda dreptunghiulară, pronaosul pătrat, camera mormintelor, dreptunghiulară, despărţită de naos prin două coloane, naosul pătrat, prelungit lateral de absida secundară, şi altarul din absida principală.

Biserica adăposteşte mormântul lui Ştefan cel Mare şi pe cele ale urmaşilor săi, până la Petru Rareş.

Foundation and necropolis of Ruler Stephen the Great, a center of arts and letters, Putna was erected between 1466 and 1469 as a fortified monastery, and then retouched in 1472, following a fire. Laid waste several times, it was rebuilt between 1966 and 1988, the only element preserved from the time of Stephen the Great being the Treasury Tower (1481). The monastery's museum boasts a rich collection of old religious embroideries, illuminated manuscripts, and objects of cult.

Between 1654 and 1662, Rulers Vasile Lupu and Gheorghe Stefan erected the Dormition of the Virgin Church, so impressive in size, on a design similar to an older one. The church of the Putna Monastery is built on a trefoiled design of prolonged sizes, 37 m long and 15 m wide at the lateral apses, and 33 m high. The interior features the rectangular porch, the square pronaos, the rectangular mortuary separated from the naos by two columns, the square naos that goes laterally to the secondary apse, and the altar in the main apse.

The abode shelters the tombs of Stephen the Great and his descendants, down to Petru Rares.

Mănăstirea Putna
Litografie color de Knapp Franz Xavier,1859-1860.

The Putna Monastery
Coloured litography
Knapp Franz Xavier, 1859-1860.

Vedere panoramică dinspre nord-est
Turnul Tezaurului, aşezat pe latura de vest a zidului incintei, este singurul element arhitectonic păstrat din ansamblul original.

Panoramic view from the northeast
On the western side of the precincts wall, the Treasury Tower is the only architectural element still standing from the old ensemble.

Camera mormintelor din biserica Mănăstirii Putna
Mormântul ctitorului Ştefan cel Mare (decedat în 2 iulie 1504).

Mortuary room in the church of the Putna Monastery
Tomb of founder Stephen the Great (died on July 2, 1504).

„Ştefan Vodă cel Bun, când s-au apucat să facă Mănăstirea Putna, au tras cu arcul Ştefan Vodă dintr-un vârvu de munte, ce este lângă mănăstire, şi unde au agiuns săgeata au făcut prestolul în oltariu. Şi este mult loc de unde au tras până la mănăstire...” (cronicar Ion Neculce, 1672-1745)

"Ruler Stephen the Kind, when he made up his mind to build the Monastery of Putna, he stretched his bow and shot an arrow that flew right from the top of the mount close to the monastery, and where the arrow struck there the table in the altar was laid. And, I vouch, the distance between the monastery and the place from where he shot the arrow is quite remarkable..." (chronicler Ion Neculce, 1672-1745)

Mănăstirea Neamţ
The Neamt Monastery

Mănăstirea Neamţ, vedere aeriană
Prim-plan cu aghiazmatarul.

The Neamt Monastery, bird's eye view
Close-up of the holy waterfont.

A fost ctitorită în secolul al XIV-lea, mai întâi de Petru Muşat, apoi de Alexandru cel Bun. În incinta mănăstirii sunt două biserici şi două paraclise: Biserica mare Înălţarea Domnului (secolul al XV-lea) şi Biserica Sfântul Gheorghe (secolul al XIX-lea), paraclisele Buna Vestire (secolul al XVI-lea) şi Adormirea Maicii Domnului (secolul al XVIII-lea).

Biserica mare încununează prin arhitectura sa stilul moldovenesc iniţiat în epoca lui Ştefan cel Mare. Este un monument arhitectonic impresionant, sinteză a tuturor elementelor arhitecturii moldoveneşti, apogeu al arhitecturii religioase a epocii. Pictura originală s-a mai păstrat în altar, naos şi camera mormintelor; în pridvor şi pronaos, pictura datează din timpul lui Petru Rareş. Ultima restaurare, realizată între anii 1954 şi 1961, a readus la forma iniţială biserica lui Ştefan şi cetatea. Biserica este caracterizată de eleganţă, armonie a proporţiilor, ingeniozitate a soluţiilor arhitectonice, armonia combinaţiilor cu elemente arhitecturale gotice.

Aşezământul posedă cea mai mare bibliotecă mănăstirească (18 000 volume, incluzând manuscrise de mare valoare) şi un muzeu cu o valoroasă colecţie de artă bisericească.

This abode was founded in the 14th century first under the care of Petru Musat and then of Alexander the Kind. Within the monastery complex there are two churches and two chapels: the big Ascension Church (the 15th century), the St. George Church (the 19th century), the chapels The Annunciation (the 16th century) and The Dormition (the 18th century).

The architecture of the big church is in Moldavian style dating from the time of Stephen the Great. An impressive monument of architecture, the church achieves a synthesis of all the elements of Moldavian architecture, being an acme of the religious art at that time. Original paintings have been preserved in the altar, naos and mortuary, while the paintings of the porch and the pronaos go back to the time of Petru Rares. The latest restoration works, carried out between 1954 and 1961, returned Stephen's church and the fortress to their former looks. Elegant, of harmonious proportions, the church also evinces harmonious Gothic borrowings.

The abode boasts the biggest monastery library (18.000 volumes, including highly valuable manuscripts) and a museum with a priceless collection of religious art.

O parte din incinta mănăstirii, cu bisericile Înălţarea Domnului (secolul al XV-lea) şi Sfântul Gheorghe (secolul al XIX-lea)
Vedere dinspre sud-vest.

Parts of the monastery precincts with the Ascension Church (15th century) and Saint George Church (19th century)
View from the south-west.

Sărbătoarea hramului Mănăstirii Neamţ
Fotografie de epocă.

Celebration of the Neamt Monastery dedication day
Period photograph.

Tetraevanghelul lui Gavriil Uric, 1429
Miniatură: *Sfântul Apostol Luca.*

The Four Gospels of Gavriil Uric, 1429
Miniature: *Saint Apostle Luke.*

Tetraevanghelul lui Gavriil Uric, 1429
Începutul evangheliei după Marcu.

The Four Gospels of Gavriil Uric, 1429
Beginning of the Gospel according to Saint Mark.

Tetraevanghelul lui Gavriil Uric, 1429
Miniatură: *Sfântul Apostol Marcu.*

The Four Gospels of Gavriil Uric, 1429
Illumination: *Holy Apostle Mark.*

Trapeza Mănăstirii Neamţ
Imagine din perioada interbelică.

Refectory of the Neamt Monastery
Picture from the interbellum period.

Biserica mare, Inălţarea Domnului. Exonartex
Nişa ferestrei şi fresce restaurate stângaci în 1850.

The big Ascension Church. Exonarthex
Window niche and awkwardly restored frescoes from 1850.

Faţada vestică şi aghiazmatarul Mănăstirii Neamţ
Clădirea are un acoperământ bulbat şi a fost construită în 1836-1847 şi pictată în 1974-1977 de Teodor Varahil-Moraru. Şi această clădire, dar mai ales turnul-clopotniţă cu patru etaje sub care se arcuieşte intrarea în incintă, creează o puternică impresie de monumentalitate.
Fotografie interbelică.

The westerf façade and the holy waterfont of the Neamt Monastery
The building with a bulbous roof was built between 1836 and 1847 and painted between 1974 and 1977 by Teodor Varahil-Moraru. This construction and particularly the four-storied belfry under which stands the entry give a powerful sense of monumentality.
Interbellum photo.

Mănăstirea Sfântul Ioan cel Nou
The Saint John the New Monastery

Mănăstirea Sfântul Ioan cel Nou
Vedere aeriană dinspre sud.

The Saint John the New Monastery
Bird's eye view from the south.

Este ctitoria lui Bogdan al III-lea, fiul lui Ştefan cel Mare (1514), fiind terminată de Ştefăniţă Vodă, nepotul marelui voievod, urmând apoi, „de sub ferestre în sus", a fi zugrăvită la comanda lui Petru Rareş (1532-1534), pridvorul fiind adăugat de Petru Şchiopul, la 1579.

Biserica, cu hramul Sfântului Gheorghe, în formă de navă şi cu pridvor cu intrare laterală, nu şi-a schimbat prea mult înfăţişarea de-a lungul timpului; doar acoperişul, iniţial din plumb, a fost înlocuit la sfârşitul secolului al XIX-lea, cu unul de ţiglă multicoloră. Pictura datează din timpul lui Ştefăniţă-Vodă, iar pe faţada sudică se păstrează şi pictura exterioară.

Numele de Sfântul Ioan cel Nou vine de la moaştele acestui sfânt adăpostite aici; ele au fost aduse de la Cetatea Albă la Suceava în 1402 de Alexandru cel Bun, unde Ioan din Trapezunt a fost martirizat în 1303. Mănăstirea a fost înfiinţată după 1783, când au fost readuse aici moaştele Sfântului Ioan cel Nou, duse de mitropolitul Dosoftei în pribegia sa din Polonia.

Aşezământul are o organizare adecvată catedralelor mitropolitane, fiind reşedinţa Arhiescopiei Sucevei şi a Rădăuţilor şi a doua reşedinţă a mitroplitului Moldovei.

It is the foundation of Bogdan III, son of Stephen the Great (1514), and it was finished by Ruler Stefanita, nephew of the great prince. Then it was painted "from the windows upwards" upon the orders of Ruler Petru Rares (1532-1534), while the porch was added under Peter the Lame, in 1579.

The church, dedicated to Saint George, in the shape of a nave, has a porch with a lateral entrance. It has remained unchanged over the centuries. Only the roof, initially made of lead, was replaced in the 19th century with multicolored tiles. The painting dates from the reign of Ruler Stefanita, and the southern façade still features the original frescoes.

The name of Saint John the New comes from the relics of this saint, housed by the religious abode. In 1402, Alexander the Kind brought them to Suceava from Cetatea Alba where John of Trebizond was martyred in 1303. The monastery was set up after 1783 when the relics of Saint John the New were brought over after having been taken by metropolitan bishop Dosoftei, exiled to Poland.

The abode is organized in conformity with the rules for metropolitan cathedrals, being the seat of the Suceava and Radauti Archbishopric and the second residence of the metropolitan bishop of Moldavia.

Biserica Sfântul Gheorghe după restaurare
Acoperişul din plumb a fost înlocuit cu ţigle multicolore. Fotografie interbelică.

The Saint George Church after restoration
Multicolored tiles replaced the lead roof. Interbellum photo.

Mănăstirea Voroneţ
The Voroneţ Monastery

Biserica Mănăstirii Voroneţ
Judecata de Apoi, frescă de pe faţada de vest.

The church of the Voronet Monastery
The Last Judgement, frescoe on the western façade.

A fost ctitorită de voievodul Ştefan cel Mare în anul 1488, fiind construită în trei luni şi 21 de zile.

Biserica, cu hramul Sfântului Gheorghe, este celebră prin pictura exterioară şi interioară, executată în 1534-1535, în timpul lui Petru Rareş. Picturile, realizate pe un fond albastru deschis (vestitul „albastru de Voroneţ"), se caracterizează prin monumentalitate, claritate şi rigoare compoziţională.

În 1547, mitropolitul Grigorie Roşca a adăugat bisericii un pridvor închis, care a fost pictat la exterior de meşterul Marcu; pronaosul a fost pictat în 1550.

Desfiinţată în anul 1986, mănăstirea a fost reînfiinţată după 1989, fiind în prezent un monument UNESCO.

The abode was built under Ruler Stephen the Great, in 1488, more exactly in three months and 21 days.

Being dedicated to Saint George, the church is famous for its outer and inner frescoes created between 1534 and 1535, during the reign of Petru Rares. The paintings, on a light blue background (the celebrated "Voronet blue") are monumental, clear and rigorously composed.

In 1547, metropolitan Grigorie Rosca added a closed porch, painted by master Marcu. The pronaos was painted in 1550.

Disbanded in 1986, the monastery was reestablished after 1989 and now is a UNESCO world heritage monument.

Biserica mănăstirii văzută dinspre sud-est

The church of the monastery seen from southeast

Judecata de Apoi, frescă de pe faţada de vest a bisericii (1534-1535)
Compoziţie impresionantă, acoperind tot peretele de vest al pridvorului. Tema este prezentă în toate picturile murale ale bisericilor bucovinene, având o semnificaţie teologică majoră. În imagine sunt reprezentate porţile Raiului cu Cel Vechi de Zile, încadrat de semnele zodiacului (centru, sus). În planul inferior un registru îl înfăţişează pe Iisus ca judecător suprem (centru), încadrat de Fecioara Maria şi Ioan Botezătorul ca intercesori. De o parte şi de alta, pe bănci, se află apostolii, vegheaţi de cete de îngeri. În registrul următor, elementul central este tronul Hetimasiei, la picioarele căruia au îngenuncheat Adam şi Eva. În stânga tronului se află cetele drepţilor, în dreapta cetele nelegiuiţilor, formate din necredincioşi evrei, turci, tătari şi armeni, (ceea ce este o inovaţie a epocii lui Petru Rareş, care aduce pentru prima dată în figuraţie elementul etnic pentru caracterizarea cetei păcătoşilor). În registrul următor sunt reprezentate căile pe care merg cele două cete: calea Raiului (pentru drepţi) şi calea Iadului (pentru necredincioşi).

The Last Judgement, frescoe on the western façade of the church (1534-1535)

An impressive composition that covers the whole western wall of the porch. The theme is present in all the murals of Bukovina churches, having a major theological significance. The picture presents the gates of Heaven with the Ancient of days surrounded by the signs of the zodiac (center up), followed, in a lower register, by Jesus as the supreme judge (center), with the Virgin and John the Baptist as intercessors, on the right and on the left. On both sides, on benches, there are the apostles guarded by groups of angels. The next register presents the Hetoimasia throne in the middle, with Adam and Eve kneeling. On the left of the throne there stand the righteous, and on the left the sinners, including the heathen, the Jews, the Turks, the Tartars and the Armenians (the ethnic element used to describe the sinners is an innovation dating from the time of Petru Rares). The next register presents the two paths followed by the two groups: the path to Heaven (for the righteous), and that of Hell (for the evil).

Fresce de pe faţada de nord a bisericii Mănăstirii Voroneţ

În registrul superior:
Facerea
În registrul mediu:
Scene din Evanghelie

Frescoes on the northern façade of the Voronet Monastery church

In the higher register:
Genesis
In the the medium register:
Scenes from the Gospels

În registrul inferior:
Sfinţi şi scene de martiriu

In the lower register:
Saints and martyrdom scenes

Faţada de est, absida principală a bisericii
Fresca înfăţişează *Cinul,* registrul superior cuprinzând Îngerii, Serafimii şi Profeţii; în axa absidei: Hristos Pantocrator, Fecioara în Glorie.

The estern façade, the main apse of the church
The superior part of the Chosen Hosts, comprising the Angels, the Seraphims and the Prophets. On the axis of the apse, from top to bottom: Christ Pantocrator, the Holy Virgin in Glory.

„Iară Ştefan-Vodă, mergând de la cetatea Neamţului în sus pre Moldova, au mărsu pe la Voroneţ, unde trăie un părinte sihastru, pre nume Daniil. Şi bătând Ştefan-Vodă în uşa sihastrului să-i descuie, au răspunsu sihastrul să aştepte Ştefan-Vodă afară până ce şi-au istovit ruga. Şi după ce ş-au istovit sihastrul ruga, l-au chemat în chilie pre Ştefan-Vodă. Şi s-au ispovedit Ştefan-Vodă la dânsul. Şi au întrebat Ştefan-Vodă pe sihastru ce va mai face, că nu poate să mai bată cu turcii: închina-va ţara la turci, au ba? Iar sihastrul au dzis să nu o închine, că războiul este al lui, numai, după ce va izbândi, să facă o mânăstire acolo în numle Sfântului Gheorghe, să fie hramul bisericii."
(cronicar Ion Neculce, 1672-1745)

"And Ruler Stephen, rode up from the Citadel of Neamt along the Moldavia, to Voronet, where a hermit called Daniil lived. And when he knocked on the door, the hermit replied that the Ruler should wait until he was done with his praying. And when the recluse finished his devotions, he asked Stephen in and the Ruler made his confession. And then the Ruler asked the hermit what he could do for he was no onger capable of facing the Turks. So, should he surrender the country or not? And the hermit said that he should not surrender for the victory would be his and when he had vanquished the enemy he should erect a monastery on the spot, dedicated to Saint George."
(chronicler Ion Neculce, 1672-1745)

Biserica Arbore
The Arbore Church

Faţada sudică a bisericii, cu intrarea

The southern façade of the church, with the entrance

Biserica mănăstirii a fost construită la 1503 de Luca Arbore, portarul Sucevei, ca paraclis al curţilor sale şi ca loc de înmormântare pentru neamul său.

Pictura bisericii a fost executată de Dragoş Coman în 1541, un zugrav remarcabil, fiul unui preot din Iaşi. Pictura este monumentală, cu un colorit dominat de o nuanţă de verde albăstrui ceruleum.

Luca Arbore, gatekeeper of Suceava erected the church of the monastery in 1503 as a chapel for his court, and repository for his family.

Dragos Coman, a remarkable artist, the son of a priest from Iasi, painted the church, in 1541. It is a monumental composition where blue-green (cerulean) prevails.

Faţada de vest
Forma de nişă apare ca un element inedit, având rolul de a crea un spaţiu cultic exterior.

Western façade
The niche form is an original element, creating an exterior cult space.

Mănăstirea Dobrovăţ
The Dobrovat Monastery

Biserica văzută dinspre sud-vest

The church seen from the southwest

Este o ctitorie a voievodului Ştefan cel Mare (1503-1504), pictura fiind executată mai târziu (1527-1531), în timpul lui Petru Rareş. Programul iconografic cuprinde aici într-o formă embrionară programul picturii exterioare al bisericilor ce vor fi înălţate mai târziu.

Biserica cu hramul „Pogorârea Sfântului Duh", construcţie de o maiestuoasă monumentalitate, a fost restaurată şi adusă la forma iniţială în 1975. Este realizată în stil moldovenesc, după un plan dreptunghiular. Turlele au fost înlăturate cu prilejul restaurării, biserica fiind acoperită cu învelitoare de tablă de cupru. Pereţii laterali au ca întărituri trei contraforţi pe fiecare latură.

Ruler Stephen the Great (1503-1504) built it, while the painting was executed later, (1527-1531), during the reign of Petru Rares. The iconography contains in the bud the whole program of outer church painting to be carried out later.

The church dedicated to the Annunciation is majestically monumental, and it was restored to its initial form in 1975. This is a construction in Moldavian style with a rectangular design. The turrets were removed during the restoration process, when the church was covered in copper sheet. The lateral walls have three buttresses on each side.

Turnul porţii, cu decoraţii baroc-moldoveneşti (secolul al XVIII-lea)

Gate tower, with decorations in the Moldavian-Baroque style (18th century)

Tablou votiv

Voievozii Ştefan cel Mare, Bogdan al III-lea şi Petru Rareş.

Votive painting

The rulers Stephen the Great, Bogdan III and Petru Rares.

Fragment din portalul şi luneta bisericii

Fragment of the church portal and lunette

Pictură murală în naos

Sfinţii Împăraţi Constantin şi Elena.

Mural painting in the nave

Sts. Emperors Constantine and Helena.

Mănăstirea Moldoviţa

The Moldovita Monastery

Fragment din faţada sudică a bisericii cu pridvorul deschis

Fragment of the southern façade of the church with the open porch

A fost ctitorită de Petru Rareş în 1532 (lângă ruinele mănăstirii fondate în 1402-1410 de Alexandru cel Bun), în forma în care se păstrează astăzi: Biserica Buna Vestire, chiliile şi casa domnească, înconjurată de ziduri puternice cu turnuri de apărare. În 1612, mitropolitul Efrem a refăcut incinta fortificată, înălţând, în colţul de nord-vest o clisiarniţă, care adăposteşte astăzi muzeul mănăstirii.

Biserica, având toate caracterele arhitecturale statornicite în Moldova pe vremea lui Ştefan cel Mare, plus un pridvor deschis, este pictată în interior şi la exterior (1537).

Pridvorul se deschide cu trei arcade mari în arc frânt pe peretele vestic, câte o arcadă pe cel de sud şi cel de nord. În imagine este vizibil şi pronaosul dreptunghiular, cu câte două ferestre mari, în arc frânt, pe pereţii de sud şi de nord. Turla se înalţă pe o bază dublu stelată, element specific stilului moldovenesc. Plastica ornamentală combină elemente de gotic târziu şi renascentiste. Este monument UNESCO.

Built by Petru Rares, in 1532 (close to the ruins of the monastery founded between 1402 and 1410 by Alexander the Kind), the complex as it is today features the Annunciation Church, the cells and the princely residence surrounded by powerful defense towers. In 1612, metropolitan bishop Efrem rebuilt the fortified precincts and erected a treasury in the northwestern corner, which today houses the museum of the monastery.

The church, with all its architectural characteristics established during the time of Stephen the Great, also includes an open porch, and is painted on the inside and the outside (1537).

The church porch opens into three big pointed arcades on the western wall, and an arcade on each of the southern and the northern walls. Also visible are the rectangular pronaos with two big windows on the southern and northern wall. The turret of the church raises from a doubly starred foundation, a specific element of the Moldavian style. The ornaments combine late Gothic and Renaissance elements. The abode is a UNESCO world heritage site.

Colţ din incinta mănăstirii

A corner of monastery inner court

Mănăstirea Moldoviţa
Vedere aeriană.

The Moldovita Monastery
Bird's eye view.

Biserica mănăstirii, văzută dinspre sud-est

The monastery church, seen from southeast

Mănăstirea Moldoviţa
Litografie color din secolul al XIX-lea de Knapp Franz Xavier.

The Moldovita Monastery
Colour litography from 19th century by Knapp Franz Xavier.

Pronaosul bisericii, nişele ferestrelor: scene din *Menologiu*

The narthex of the church, window niches: scenes from *The Menologion*

Iisus Pantocrator

Detaliu de pe bolta naosului bisericii.

Jesus Pantocrator

Detail from the vault of the church naos.

Răstignirea

Pictură murală în absida de nord a naosului.

The Crucifixion

Mural on the northern apse of the naos.

Fragment din faţada sudică a bisericii

Fragment from the southern façade of the church

Sinod ecumenic, fragment de frescă

Ecumenical synod, fragment of a fresco

Asediul Constantinopolului
Detaliu de frescă pe peretele sudic al bisericii.

The Siege of Constantinople
Frescoe detail on the southern wall of the church.

Mănăstirea Humor

The Humor Monastery

Pridvorul bisericii, văzut dinspre sud

The church porch, seen from the south

A fost întemeiată la începutul secolului al XV-lea de vornicul Oană şi rectitorită în 1530 de logofătul Teodor Bubuiog. Biserica actuală, cu hramul Sfântului Gheorghe, fără turle şi cu pridvor deschis, a fost pictată în întregime, atât în interior cât şi la exterior, în 1535 de zugravul Toma din Suceava. Turnul clopotniţei a fost construit în 1641.

Din punct de vedere arhitectural, biserica este formată din: pridvor deschis, pronaos, naos şi altar. Între pronaos şi naos este situată camera mormintelor. Pentru prima dată în arhitectura religioasă moldovenească apare pridvorul deschis. De asemenea, tot pentru prima oară apare diaconiconul (camera odoarelor), în partea de nord-vest. Elevaţia bisericii surprinde prin eliminarea turlei de pe naos; în locul ei, boltirea se face printr-o calotă sprijinită pe arce suprapuse, ca în mai vechile biserici, ctitorite de Ştefan cel Mare, de la Borzeşti şi Războieni. Mănăstirea figurează pe lista monumentelor UNESCO.

It was founded in the early 15th century by High Steward Oana and retouched in 1530 by Chancellor Teodor Bubuiog. The present church, dedicated to Saint George, without turrets and with an open porch, was painted both on the outside and the inside in 1535 by artist Toma of Suceava. The belfry tower was erected in 1641.

Architecturally, the church is made up of an open porch, pronaos, naos, and altar. Between the pronaos and the naos, there is the mortuary. It is for the first time in Moldavian religious architecture that we see an open porch. Likewise, it is also for the first time that we have a diaconicon (treasure room), on the northwestern side of the church. The elevation of the church is surprising as it has eliminated the turret on the naos; instead the vaulting is achieved by a dome supported on superposed arches like in the older churches erected by Stephen the Great at Borzesti and Razboieni. The monastery is featured on the UNESCO world heritage list of monuments.

Vedere aeriană a bisericii, dinspre est

Bird's eye view of the church seen from the est

Procesiune la hramul mănăstirii, fotografie de epocă

Procession on the monastery's dedication day, period photograph

Tetraevangheliarul de la Humor
Ferecătură în argint.

The Humor Gospels
Bound in silver.

Tetraevangheliarul anonim
A fost realizat în perioada lui Ştefan cel Mare şi a lui Bogdan al III-lea.

Anonymous Gospels
Dating from the time of Stephen the Great and Bogdan III.

Sfântul Nicolae taie copacul cu demonul
Detaliu de pictură exterioară pe faţada sudică a bisericii.

Saint Nicholas cutting the tree with the devil
Detail from the outer painting on the southern façade of the church.

Biserica Mănăstirii Humor, faţada sudică

Pictură murală, reprezentând *Glorificarea Mariei.*

The church of the Humor Monastery, southern façade

The mural painting features *the Glorification of the Virgin.*

Arhanghel şi heruvimi
Detaliu de pe bolta pridvorului.

Archangel and cherubs
Detail of the porch vault.

Judecata de Apoi, detaliu
Frescă de pe peretele estic al pridvorului.

The Last Judgement Day, detail
Frescoe on the eastern wall of the porch.

Biserica Mănăstirii Humor
Bolta pridvorului, arcul central:
Sfinţii Ilarion şi Hariton, încadraţi de heruvimi şi arhangheli.

Church of the Humor Monastery
The vault of the porch, the central arch:
Saints Ilarion and Hariton, between cherubims and archangels.

Judecata de Apoi, fragment
Frescă de pe peretele estic al pridvorului.

The Last Judgement, fragment
Frescoe from the eastern wall of the porch.

Mănăstirea Suceviţa
The Sucevita Monastery

Biserica Mănăstirii Suceviţa
Pictură murală pe absida de nord.

Church of the Sucevita Monastery
Mural painting on the northern apse.

Este o ctitorie din anii 1581-1601 a fraţilor Movilă: vornicul Ieremia şi paharnicul Simion, viitori domni, şi Gheorghe, mitropolit al Sucevei. Mănăstirea este alcătuită dintr-o spaţioasă incintă în formă de patrulater, înconjurată de ziduri înalte, întărite cu masive turnuri de colţ şi cu turnul porţii, în care se află paraclisul din clădirile monastice şi din biserică.

Cu un plan alungit, compartimentat în naos triconc, gropniţă, pronaos şi pridvor închis (cu alte două pridvoare deschise adăugate la intrările de nord şi sud), biserica se remarcă prin eleganţa formelor arhitectonice şi bogăţia picturilor care împodobesc atât interiorul cât şi exteriorul său; ele au fost realizate de zugravul Ion şi fratele său Sofronie, înainte de 1596. Mănăstirea Suceviţa este inclusă de UNESCO în lista patrimoniului cultural mondial.

This above was erected between 1581 and 1601 by the Movila brothers: Minister of Justice Ieremia and Simion, future princes, and Gheorghe, metropolitan bishop of Suceava. The monastery has spacious quadrilateral precincts surrounded by high walls, strengthened by massive corner towers and a gate tower housing the chapel, then the monastic buildings, and the church.

Built on a long design, consisting of a trefoiled naos, vault, pronaos and closed porch (with two open porches added to the north and south entrances), the church stands out by its elegant architecture and the richness of the paintings decorating it on the inside and on the outside. These are the creation of artist Ion and his brother Sofronie, before 1596. Sucevita Monastery is included on the UNESCO world heritage list.

Vedere panoramică a mănăstirii

Panoramic view of the monastery

Pridvor deschis pe faţada de sud

Open veranda on southern façade

Pictură murală: *Cărturarii,* detaliu

Mural painting: *The Scholars,* detail

Pictură pe faţada de nord

Scara Virtuţilor (*Scara Sfântului Ioan Climax*), iar în registrul superior scene din *Geneză*.

Picture on the northern façade

The Ladder of Virtues (*Ladder of St. John Climax*) and in the upper register scenes from *Genesis*.

Fragment din faţada de sud-est,
cu cinci registre din *Cin*

Fragment of the southeastern façade with
five registers of *the Order*

Fragment din faţada de nord a altarului şi a absidei naosului
Cinul cu cele şapte trepte (de jos în sus): Martirii, Ierarhii, Arhanghelii şi Apostolii, Profeţii, Îngerii, Serafimii.

Fragment of the northern façade of the altar and of the naos apse
The Order with the seven levels (from bottom up): the Martyrs, the Hierarchs, the Archangels and the Apostles, the Prophets, the Angels, the Seraphims.

Faţada absidei principale
Trei registre din *Cin*: Ierarhii, Arhanghelii şi Apostolii, Profeţii.

Main apse of the church façade
Three registers of *the Order*: Hierarchs, Archangels and Apostles, Prophets.

Turla bisericii

The turret of the church

Iisus Hristos cel Vechi de Zile
Bolta stângă a pronaosului.

Jesus Christ the Ancient of Days
Left vault of the pronaos.

Ospitalitatea lui Avraam (Sfânta Treime)
Bolta dreaptă a pronaosului.

Abraham's hospitality (The Holy Trinity)
Right vault of the pronaos.

„Am fugit şi am ajuns la Mânăstirea Bistriţa şi intrând am căzut la pământ înaintea sfintelor icoane şi mult am plâns, aşişdere şi egumenul şi tot soborul plângea împreună cu mine, cu fierbinţi lacrimi..." (Document de danie a lui Petru Rareş,1538).

"I ran away and I got to Bistrita Monastery, and upon entering I fell to the floor before the holy icons and I cried, and the Father Superior was also crying and with him the entire group of priests were crying bitter tears..." (Donation parchment of Petru Rares, 1538).

Mănăstirea Bistriţa
The Bistrita Monastery

Biserica Mănăstirii Bistriţa
Vedere dinspre sud.

The Church of the Bistrita Monastery
View from the south.

Mănăstirea are patru ctitori voievozi muşatini: Alexandru cel Bun, Ştefan cel Mare, Petru Rareş şi Alexandru Lăpuşneanu. A fost întemeiată înainte de 1407, iar între 1541 şi 1546 Petru Rareş a consolidat biserica lui Alexandru cel Bun. Aceasta a fost reconstruită integral în 1554. Pictura în ulei datează din 1814. Mănăstirea a fost restaurată între anii 1969 şi 1983, aducându-i-se multe şi importante îmbunătăţiri; numai pridvorul păstrează fragmente din pictura originală. Incinta are formă pătrată, fiind protejată de ziduri puternice de piatră şi o înălţime iniţială de aproximativ 4m, prevăzute cu metereze şi drum de strajă. Intrarea principală este situată pe latura sudică. La nord se află turnul clopotniţei zidit de Ştefan cel Mare în 1498, după victoria din Codrii Cosminului.

The monastery was founded by four princes of the Musat dynasty: Alexander the Kind, Stephen the Great, Petru Rares and Alexandru Lapusneanu. Founded before 1407, between 1541 and 1546 Petru Rares consolidated the work of Alexander the Kind. In 1554, the whole abode was built anew. The oil painting dates to 1814. The monastery was restored between 1969 and 1983, when several important improvements were made. Only the porch preserves some original paintings. Rectangular in shape, the monastery precincts are protected by strong stone walls, initially four meters high, provided with battlements and a sentry path. The main entrance is situated on the southern side. The belfry tower stands on the northern side, and it was erected by Stephen the Great in 1498, after the victory at Codrii Cosminului.

Mănăstirea Bistriţa văzută dinspre sud-vest
Fotografie din perioada interbelică.

The Bistrita Monastery seen from southwest
Interbellum photo.

Mănăstirea Slatina
The Slatina Monastery

Biserica văzută dinspre sud-vest

The church seen from the southwest

Este ctitoria şi necropola voievodului Alexandru Lăpuşneanu, care este reprezentat, împreună cu întreaga familie, în tabloul votiv din pronaosul bisericii.

Mănăstirea a fost construită de meşteri locali şi din Transilvania, fiind sfiinţită, conform cronicarului Grigore Ureche, la 14 octombrie 1558, dar lucrările au continuat şi după acesastă dată, când s-au zidit casa domnească, chiliile, zidurile şi turnurile de apărare. Pictura, opera unor zugravi moldoveni din secolul al XVI-lea, a fost complet refăcută în secolul al XIX-lea.

În biserică şi alături de ea se află mormintele familiei domnitorului precum şi mormântul mitropolitului cărturar Veniamin Costache. După cum se poate citi pe piatra de mormânt a domnitorului Alexandru Lăpuşneanu acesta s-a călugărit în ultimul an al vieţii sale (1568) sub numele de Pahomie.

Mănăstirea a avut un important rol cultural, ctitorul înfiinţând aici o şcoală de muzică şi o bibliotecă cu cărţi şi manuscrise.

Asemeni altor aşezăminte bisericeşti din Moldova, Mănăstirea Slatina a fost jefuită în mai multe rânduri.

Ruler Alexandru Lapusneanu, represented with his entire family in the votive painting on the church narthex, founded it, and was also buried here.

Erected by local Transylvanian craftsmen, the monastery was hallowed, according to chronicler Grigore Ureche, on October 14, 1558. After that date, works continued on the princely house, the cells, the defense walls, and towers. Painted by Moldavian artists in the 16th century, the decoration was completely remade in the 19th century.

In the church and close to it stand the tombs of the princely family and of scholar and metropolitan Veniamin Costache. As indicated on the tombstone of Ruler, Alexandru Lapusneanu, the sovereign became a monk in the last year of his life (1568), taking the name of Pahomie.

The monastery played a remarkable cultural role, as the founder also set up here a music school and a library featuring various books and manuscripts.

The Slatina Monastery, just like other religious abodes in Moldavia, suffered frequent and severe despoliation.

Vedere generală a mănăstirii dinspre sud

General view of the monastery seen from south

Mănăstirea Galata
The Galata Monastery

Biserica mănăstirii
Vedere dinspre est.

The monastery church
View from east.

Mănăstirea Galata a fost ctitorită de domnitorul Petru Şchiopul şi are hramul înălţării Domnului, fiind sfinţită în 1584.

Biserica mănăstirii este o remarcabilă realizare arhitectonică, cu multe elemente de noutate şi totodată o sinteză a influenţelor bizantino-muntene şi a elementelor tradiţiei moldoveneşti. Caracteristice pentru Galata sunt: înlocuirea peretelui dintre gropniţă şi naos cu trei arcade susţinute de coloane, apariţia turlei secundare peste pronaos, brâul median care împarte faţada în două, iluminarea absidelor cu trei ferestre. Pictura originală a bisericii, inclusiv frescele interioare, nu s-a păstrat, fiind distrusă laolaltă cu catapeteasma în incediul din 1762. S-a păstrat totuşi tabloul votiv care îl înfăţişează pe Petru Şchiopul.

Casa domnească a fost zidită, de asemenea, de domnitorul Petru Şchiopul (în secolul al XVIII-lea i s-a adăugat etajul). Astăzi clădirea este restaurată şi adăposteşte muzeul mănăstirii.

Galata Monastery was founded by Ruler Peter the Lame, was dedicated to the Ascension of the Lord, and was hallowed in 1584.

The monastery church is an outstanding architectural feat, with many novel elements, and at the same time a synthesis of Byzantine, Wallachian influences, and Moldavian traditional elements. Characteristic for Galata is the replacement of the wall between the mortuary and the naos with three arcades supported by columns, the secondary turret over the pronaos, the middle girdle that separates the façade into two, and the illumination of the apses by three windows. The original paintings of the church, the interior frescoes included, have not been preserved, being destroyed alongside the altar screen in the 1762 fire. A votive portrait has come down to us featuring Peter the Lame.

Ruler Peter the Lame also erectedt the princely house (another floor was added in the 18th century). Today the building has been restored and it houses the museum of the monastery.

Vedere aeriană dinspre sud-est

Bird's eye view from southeast

Mănăstirea Dragomirna
The Dragomirna Monastery

Turla bisericii, suplă, împodobită cu sculpturi în piatră

The slender turret with sculpted stone

Este o ctitorie din 1606-1609 a mitropolitului Anastasie Crimca. Biserica Mare (datând din 1609), în formă de navă, uimeşte prin bogăţia decoraţiei sculptate. Puternica incintă fortificată, cu ziduri înalte şi turnuri masive, a fost construită de domnitorul Miron Barnovschi în 1627.

Silueta bisericii demonstrează o cu totul altă vârstă a arhitecturii religioase în Moldova. Caracteristicile stilului moldovenesc sunt păstrate, dar apar diferenţe notabile faţă de bisericile de secol XVI; planul nu mai este triconc, dreptunghiul naosului este prelung şi se continuă cu absida principală la est. Biserica prezintă câteva elemente specifice, care nu se mai regăsesc la nici un alt monument: brâul aşezat la jumătatea înălţimii bisericii, care subliniază zvelteţea construcţiei, folosirea pietrei brute, a pietrei netede şi a celei sculptate în zone diferenţiate ale paramentului.

It was built between 1606 and 1609 by metropolitan bishop Anastasie Crimca. The big nave-shaped church (dating from 1609), has an amazing sculptural decoration. Ruler Miron Barnovschi built these powerful fortified precincts, with tall walls and massive towers, in 1627.

The silhouette of the church points to an entirely different age of religious architecture in Moldavia. The characteristics of the Moldavian style are still visible, but with notable differences as to the 16th century monasteries. The church design is no longer trefoiled, the naos rectangle is long and continued by the main apse to the east. The church features several specific elements not to be found in any other monument: the girdle at mid height, which further accentuates the tallness of the construction, the use of raw stone, of smooth and sculpted stone in different areas of the wall facing.

Mănăstirea Dragomirna la 1857
Guaşă de Knapp Franz Xavier.

The Dragomirna Monastery at 1857
Gouache by Knapp Franz Xavier.

Biserica mănăstirii,
văzută dinspre est

The monastery church,
seen from east

Vedere aeriană a mănăstirii dinspre nord-vest

Bird's eye view of the monastery seen from the northwest

Mănăstirea Bârnova
The Barnova Monastery

Biserica mănăstirii
Vedere generală dinspre nord-vest. Se remarcă masivul turn de apărare deasupra pridvorului bisericii.

The monastery church
General view from the northwest. The massive defense tower above the porch of the church should be noticed.

A fost ctitorită de domnitorul Miron Barnovschi, în 1626-1629, fiind finalizată de Eustratie Dabija Voievod (înainte de 1665), înmormântat aici.

Biserica mănăstirii, construită în întregime din piatră făţuită, este o replică mai severă a celei de la Dragomirna. Incinta fortificată şi casele domneşti, ruinate, acum sunt în restaurare.

La ridicarea bisericii s-a folosit piatră, înălţându-se ziduri groase de peste 1 m, ornamentate cu lespezi de piatră cioplită. Planul bisericii este treflat, construcţia este masivă, dominând peisajul aproape cu forţa unei cetăţi.

Founded by Ruler Miron Barnovschi, between 1626 and 1629, it was terminated by Ruler Eustratie Dabija (before 1665), who is also buried here.

The monastery church, a more severe replica of the Dragomirna Monastery, is constructed only in polished stone. The ruined fortified precincts and the princely house are being restored.

Stone was used for the thick walls of the church (more than one meter), decorated with slabs of carved stone. The design of the church is trefoiled, the construction is massive, towering over the neighborhood like a mighty citadel.

Fragment din faţada nordică a bisericii

Fragment of the northern façade of the church

Mănăstirea Sfinţii Trei Ierarhi
The Holy Three Hierarchs Monastery

Biserica mănăstirii
O broderie de piatră sculptată acoperă în întregime clădirea.

The church of the Monastery
An embroidery of sculpted stone covers the building entirely.

Este o bijuterie a secolului al XVII-lea moldovenesc, fiind ctitorită de domnitorul Vasile Lupu şi construită între 1635 şi 1639. În 1641-1642 pictorii ruşi Lidor Popeev, Iakov Gavrilov, Deiko Iakovlev, Pronka Nikitin, precum şi zugravi români decorează Sfinţii Trei Ierarhi. În 1646, mănăstirea este închinată călugărilor greci de la Muntele Athos.

Biserica, monument unic în arta medievală românească, este o capodoperă arhitecturală: construită în întregime din piatră, are faţadele acoperite de o fastuoasă decoraţie sculptată ca o minuţioasă dantelă, iniţial aurită. Interiorul impresionează şi el prin bogăţia decoraţiei şi a concepţiei arhitecturale. Avariată de-a lungul secolelor de incendii şi cutremure, biserica a fost restaurată în 1882-1890 de arhitectul Lecomte de Nouy, care a adus lăcaşului o serie de modificări. Biserica adăposteşte moaştele Cuvioasei Paraschiva (aduse pentru prima dată la 13 iunie 1641) iar în nişele sepulcrale se află osemintele lui Dimitrie Cantemir, mare cărturar şi domnitor al Moldovei (1710-1711) şi ale lui Alexandru Ioan Cuza, primul domnitor al Principatelor Române Unite (1859-1866).

The Holy Three Hierarchs is a gem of the Moldavian 17th century art. This is a foundation of Ruler Vasile Lupu, built between 1635 and 1639. Between 1641 and 1642, Russian painters Lidor Popeev, Iakov Gavrilov, Deiko Iakovlev, and Pronka Nikitin, as well as Romanian artists finished the decoration of the Holy Three Hierarchs. In 1646, the monastery was dedicated to the Greek monks on Mount Athos.

The church, a unique monument of Romanian medieval art, is a masterpiece of architecture. Built entirely in stone, its façades are covered with a majestic embroidery in stone, initially gilded. The interior is also impressive by its rich decoration and the architectural design. Damaged over the centuries by earthquakes and fires, the monument was restored between 1882 and 1890 by architect Lecomte de Nouy, who made several modifications to the construction. The church shelters the relics of the Holy Paraschiva (brought here for the first time on June 13, 1641). In the sepulchral niches, there rest Ruler Dimitrie Cantemir, a great scholar Ruler who ruled Moldavia between 1710 and 1711, and of Alexandru Ioan Cuza, the first ruler of the United Romanian Principalities (1859-1866).

Biserica mănăstirii
Vedere dinspre nord.

The monastery church
View from the north.

„Această mânăstire este unică și preafrumoasă; seamănă cu o cetate și este înconjurată cu ziduri de piatră... Sfânta biserica se află în mijlocul mânăstirii; ea este clădită în întregime din piatră fățuită, iar pe dinafară este toată sculptată cu o măiestrie artistică ce uimește mintea privitorului. Nu este nici cât un deget care să nu fie acoperit cu sculpturi; și sub streașină cornișele de piatră neagră sunt de asemenea sculptate... Toată lumea spune într-un glas că nici în Moldova, nici în țara Românească și nici la cazaci nu este vreo biserică comparabilă cu aceasta, nici prin podoabe, nici prin frumusețe, căci ea minunează mintea celor ce o vizitează..." Paul din Alep

"This monastery is unique and extremely beautiful. It resembles a citadel and is surrounded by stone walls. The holy church sits in the middle of the monastery, is made of fully-fashioned stone, and on the outside is sculpted with extreme craftsmanship that spellbinds the eye. There is not a single inch left unadorned, and the black cornices under the eaves are also carved. Everybody says in one voice that not in Moldavia, not in Wallachia, nor in the land of the Cossacks can you find a church comparable by its beauty or ornaments that fascinate the mind of visitors..." Paul of Aleppo

Vedere aeriană dinspre sud-vest

Bird's eye view from southwest

Ancadrament de fereastră bogat împodobit

Richly adorned window frame

Detaliu de motive florale şi geometrice sculptate în piatră

Floral and geometric motifs, sculpted in stone, detail

Portretul doamnei Tudosca, soţia voievodului Vasile Lupu

Broderie specifică secolului al XVII-lea, realizată pe catifea roşie. Portretul este pe deplin laic, realizat cu eleganţă şi deosebit rafinament. Costumul oglindeşte fastul Curţii lui Vasile Lupu.

Portrait of Princess Tudosca, wife of Ruler Vasile Lupu

Embroidery specific for the 17th century, on red velvet. The portrait is fully lay, achieved with extreme elegance and refinement. The lady's costume evinces the splendor at Vasile Lupu's Court.

Mănăstirea Sfinţii Trei Ierarhi
Cromolitografie de Carol Popp de Szathmari, secolul al XIX-lea.

The Three Ierarchs Monastery
Chromolitography by Carol Popp de Szathmari, 19th century.

Mănăstirea Sfinţii Trei Ierarhi
Vedere generală dinspre sud-est (imagine de la sfarşitul secolului al XIX-lea).

The Three Ierarchs Monastery
General view from south-est (photo from the end of 19th century).

Portretul pictat al doamnei Tudosca
Fragment de frescă prelevat de la Sfinţii Trei Ierarhi.

The painted portrait of Princess Tudosca
Fragment of a frescoe taken out of the Holy Three Hierarchs Church.

Mănăstirea Cetăţuia
The Cetatuia Monastery

Mănăstirea Cetăţuia
Vedere dinspre sud-est.

The Cetatuia Monastery
View from southeast.

Mănăstirea Cetăţuia
Vedere aeriană dinspre sud-est.

The Cetatuia Monastery
Bird's eye view from the southeast.

A fost construită în 1668-1672 din iniţiativa domnitorului Gheorghe Duca. Biserica, de plan trilobat, cu turle pe naos şi pronaos, reia pe faţade, în forme simplificate, unele motive decorative ale bisericii Sfinţii Trei Ierarhi. Deasupra pronaosului şi naosului se ridică două turle cu bază în formă de stea, specifică stilului moldovenesc. Sub raport arhitectural, Cetăţuia este o copie sobră a Mănăstirii Sfinţii Trei Ierarhi, ctitoria domnului Vasile Lupu de la 1639.

Pictura de la Cetăţuia este o creaţie artistică deosebită, avându-i ca autori pe Mihai, Gheorghe şi Dima din Ianina, alături de pictori autohtoni care lucraseră şi la Sfinţii Trei Ierarhi. Acesta este ultimul mare ansamblu de pictură murală din Moldova în linia tradiţiilor postbizantine. Pictura murală interioară a suferit intervenţii în secolele al XVIII-lea şi al XIX-lea.

Protejat de o puternică centură de ziduri înalte, cu turn de piatră, complexul monastic mai cuprinde: casa domnească, cu două niveluri, casa ecumenească, dotată cu o sală gotică, corpul de chilii şi baia turcească.

It was built between 1668-1672 at Ruler Gheorghe Duca's initiative. The trilobate church, with turrets on the naos and the pronaos, features on the façades simplified decorative elements inspired from the Holy Three Hierarchs Church of Iasi. Two turrets on a star foundation, specific for the Moldavian style, rise above the pronaos and the naos. In point of architecture, the Cetatuia is a sober copy of the Holy Three Hierarchs, founded by Ruler Vasile Lupu in 1639.

The painting of Cetatuia is special, its authors being Mihai, Gheorghe and Dima of Janina, together with local artists who had also worked on the Holy Three Hierarchs. It is the last impressive complex of Moldavian murals of the post-Byzantine tradition. The interior wall painting was altered in the 18th and 19th centuries.

Protected by a strong girdle of tall walls, with a stone tower, the religious compound also features a two-level princely house, an ecumenical house with a Gothic hall, a row of cells, and a Turkish bath.

Biserica mănăstirii văzută dinspre sud-vest

Dreapta:

Imagine de la începutul secolului al XX-lea.

Stânga:

Imagine actuală.

The Monastery Church seen from southwest

Right:

Photograph from the beginning of 20th century.

Left:

Nowdays photograph.

Incinta mănăstirii, colţul de nord-est

The northeastern corner of the monastery

Mănăstirea Agapia
The Agapia Monastery

Incinta Mănăstirii Agapia
văzută dinspre sud-est

The precincts of the Agapia Monastery
seen from the southeast

A fost ctitorită de hatmanul Gavriil, fratele lui Vasile Lupu, în 1642-1644, şi îşi trage numele de la schitul construit de sihastrul Agapie, în secolul al XIV-lea.

Construcţia Bisericii Mari de la Agapia a început la 16 octombrie 1642 şi s-a încheiat la 3 septembrie 1644. Hatmanul Gavriil a apelat la arhitectul Enache Ctisi, născut şi crescut la Constantinopol. Biserica este construită în plan triconc, pe temelie de piatră brută. Absidele au formă semicirculară, cele centrale fiind îmbrăcate la exterior în rezalite dreptunghiulare. În 1859-1862 s-au adăugat proscomidiarul, diaconiconul şi un nou pridvor, cel vechi fiind integrat pronaosului. Fără a avea o arhitectură cu un stil specific, biserica este valoroasă prin pictura ei, executată de Nicolae Grigorescu în 1858-1861.

Aşezământul a fost restaurat de mai multe ori: între 1848 şi 1858, când biserica a suferit mai multe transformări, în 1882 şi în 1903, când s-a reînnoit toată incinta şi s-au făcut clădiri pentru ateliere. Mănăstirea are o colecţie de artă şi obiecte bisericeşti.

Erected by War Minister Gavriil, brother of Ruler Vasile Lupu, between 1642 and 1644, it gets its name from the skete constructed by recluse Agapie, in the 14th century.

The construction of the big church of Agapia started on October 16, 1642 and ended on September 3, 1644. For the purpose Minister Gavriil hired architect Enache Citisi, born and raised in Constantinople. The church has a trefoil structure, on a raw stone foundation. The apses are semicircular, the central one being adorned by rectangular projections. A prothesis, and a diaconicon were later added, as well as a new porch, the old one being integrated into the pronaos. While not in a specific style, the church is valuable by its painting, the work of Nicolae Grigorescu between 1858 and 1861.

The abode was restored several times between 1848 and 1858, when the church underwent various transformations, in 1882, and in 1903, when the entire precincts were renewed, and workshops were set up. The church boasts a collection of art and religious items.

Latura de vest a incintei:
stăreţia şi chiliile

The western side of the precincts:
the abbey and the cells

Bolta naosului: *Iisus Hristos Pantocrator*
Pictură murală de Nicolae Grigorescu.

The vault of the nave: *Jesus Christ Pantocrator*
Mural painting by Nicolae Grigorescu.

Naosul bisericii: *Sfânta Ecaterina*
Pictură murală de Nicolae Grigorescu.

The nave: *St. Ecaterina*
Mural painting by Nicolae Grigorescu.

Mănăstirea Văratec
The Varatec Monastery

Biserica mănăstirii, văzută dinspre est

The monastery church, seen from east

Mănăstirea a fost ctitorită în 1785 de fiica unui preot din Iaşi, călugărită sub numele Olimpiada, sub îndrumarea faimosului călugăr-cărturar Paisie Velicicovski, stareţ al Mănăstirii Neamţ.

Biserica actuală a fost construită în 1808-1812 pe locul celei vechi şi a fost pictată în 1841. Biserica „Adormirea Maicii Domnului" din mijlocul incintei, în faţa căreia se află statuia în bronz a Saftei Brâncoveanu, realizată în 1935 de Ion Jalea, îmbină formule tradiţionale moldoveneşti cu elemente neoclasice. Biserica este construită din piatră şi cărămidă, având două turle rotunde şi zvelte. Intrările, situate pe laturile de sud şi de nord sunt străjuite de două pridvoare mici cu acoperiş bulbat şi profile greoaie, ce contrastează cu linia elansată a edificiului.

Mănăstirea are o bogată colecţie muzeală.

The daughter of a priest from Iasi, a nun called Olimpiada, founded it in 1785 under the supervision of the famous scholar monk Paisie Velicicovski, abbot of Neamt Monastery.

The present church was built between 1808 and 1812 on the spot of an older one, and it was painted in 1841. The Dormition of the Virgin Church sits in the middle of the precincts, facing the statue of Safta Brancoveanu, sculpted in 1935 by Ion Jalea. The church, built in stone and brick, with two round, svelte turrets blends traditional Moldavian and neo-classic elements. The entries on the southern and northern sides are guarded by two small porches with bulbous roof and heavy profile, contrasting to the slender line of the edifice.

The monastery has a rich museum collection.

Mănăstirea Văratec la începutul secolului al XX-lea

The Varatec Monastery at the beginning of 20th century

Maica Domnului cu Pruncul
Icoană pe lemn, Moldova, prima jumătate a secolul al XVI-lea (Muzeul Mănăstirii Văratec).

The Madonna with the Child
Icon on wood, Moldavia, the first half of the 16th century (Museum of Varatec Monastery).

Mănăstirea Văratec
Vedere aeriană.

The Varatec Monastery
Bird's eye view.

Statuia de bronz a Saftei Brâncoveanu, realizată de Ion Jalea

Bronze statue of Safta Brancoveanu by Ion Jalea

Casă monahală din incinta mănăstirii

Monk house within the monastery precincts

Mănăstirea Secu
The Secu Monastery

Biserica văzută dinspre nord-vest
În luneta de deasupra intrării, *Sfântul Ioan Botezatorul*, patronul mănăstirii.

The church seen from the northwest
Above the entrance, St. *John the Baptist*, the patron of the monastery.

A fost ctitorită în anul 1602 de către marele vornic Nestor Ureche (tatăl cronicarului Grigore Ureche), pe locul unui schit datând din secolul al XVI-lea.

Biserica mănăstirii marchează o dată importantă în istoria arhitecturii din Moldova prin influenţa muntenească profundă în construcţia edificiului. Ea reflectă o puternică influenţă arhitecturală muntenească, iar în timp ea a fost augmentată cu un pridvor (secolul al XVIII-lea) şi un diaconicon (secolul al XIX-lea). În 1850 a fost pictată în întregime. Frumoasa incintă fortificată este întărită cu turnuri, corpuri de clădire pe patru laturi şi două paraclise. Ansamblul a fost restaurat între 1966 şi 1976.

Justice Chief Nestor Ureche (father of chronicler Grigore Ureche) erected it in 1602 in the place of a skete dating to the 16th century.

The monastery church marks an important date in the history of Moldavian architecture owing to the categorical Wallachian influence manifest in the entire construction. The church evinces a strong Wallachian influence. In time, a porch was added (the 18th century) as well as a diaconicon (the 19th century). In 1850, it was entirely painted. Towers, four-side square buildings, and two chapels enhance the beautiful fortified precincts. The ensemble was restored between 1966 and 1976.

Colţul de nord-est a incintei, cu chiliile şi paraclisul ***Sfântul Nicolae*** **(1824)**

The northeastern side of the precincts, with the cells and the Saint Nicholas Chapel (1824)

Incinta mănăstirii, cu biserica şi aghiazmatarul
Vedere dinspre sud-vest.

The courtyard of the monastery, with the church and the holy waterfont
View from southwest.

Incinta mănăstirii, cu biserica, turnul porţii, aghiazmatarul şi o parte din chilii
Vedere dinspre sud-est.

Inner court of the monastery, with the church, the baptistery and a number of cells
View from southeast.

Vedere generală dinspre sud-est a incintei fortificate

General view from southeast of the fortified monastery

IC
XC

Broderii moldoveneşti
Moldavian embroideries

Broderia epocii lui Ştefan cel Mare este la nivelul realizărilor picturii murale şi al manuscriselor miniate, stând mărturie pentru existenţa unei şcoli de pictură cu tradiţie în Moldova. Printre epitafele, dverele, epitrahilele moldoveneşti se găsesc adevărate capodopere, unele dintre acestea demonstrând o desăvârşită măiestrie a compoziţiei şi a coloristicii.

The embroideries dating to the reign of Stephen the Great stand proudly next to the illuminated manuscripts of the time, attesting to a school of painting of long tradition in Moldavia. There are genuine masterpieces among the Moldavian liturgical veils, the altar curtains, and the stoles all of which evince a perfect mastery of the composition and of the colors.

Epitaful lui Silvan (1437)
Realizat la Mănăstirea Neamţ, compoziţie perfect echilibrată, dominată de monumentalitate şi de o armonie extraordinară a culorilor, figurilor, gesturilor şi proporţiilor. Epitaful lui Silvan inaugurează seria broderiilor monumentale, devenind un model clasic al epitafelor moldoveneşti.

Silvan's liturgical veil (1437)
Achieved at Neamt Monastery, the composition is perfectly balanced, with an air of monumentality and a fantastic harmony of the colors, figures, gestures and proportions. Silvan's liturgical veil inaugurated the series of monumental embroideries, remaining a classic of Moldavian liturgical cloths.

Dvera Adormirii Maicii Domnului
(10 august 1510)
Aceeaşi monumentalitate a epitafului moldovenesc, cu o extraordinară ştiinţă a compoziţiei, a echilibrului interior al scenei, cu figuri monumentale şi gesturi rituale perfect echilibrate.

Altar curtain featuring the Dormition of the Virgin
(10 August 1510)
The same monumentality as in all Moldavian liturgical veil blends here with an extraordinary science of the composition, of poised scenes, gorgeous figures, and perfectly balanced ritual gestures.

Acoperământul de mormânt al Mariei de Mangop

Broderie cu fir de aur, argint şi mătase colorată pe un fond de atlaz roşu dublat cu pânză de in în culoare naturală.
În chenar, o inscripţie comemorativă în limba slavonă, brodată cu fir de aur şi argint aurit: „Acesta este acoperământul roabei lui Dumnezeu, binecredincioasa şi de Hristos iubitoarea doamnă a lui Io Ştefan Voievod, domnul ţării Moldovei, Maria, care a trecut la veşnicul lăcaş în anul 6985 (1477), luna decembrie 19, în ceasul al cincilea din zi."
Portretul funerar al Mariei de Mangop este o capodoperă a artei moldoveneşti a secolului al XIV-lea, o compoziţie de un rafinament desăvârşit, totodată monumental şi plin de fragilitatea omenescului pieritor, impresionând privirea prin puritate şi strălucire princiară.
G. Oprescu numea broderia „o capodoperă ce poate sta alături de opera lui Dürer sau Holbein".

Tomb cloth of Maria of Mangop

Embroidery in gold, silver, and colored silk thread on a background of red Indian satin doubled by linen. All around, the border carries a commemorative inscription in Old Church Slavonic, in gold and silver thread: "This is the tomb cloth of Maria, God's servant, the true believer and God-loving spouse of His Royal Highness Ruler Stephen, who went to glory in the year 6985 (1477), December 19, at the fifth hour of the day."
The funerary portrait of Maria of Mangop is a masterpiece of 14th century Moldavian art. It is a highly refined composition, monumental and yet fragile like everything that is mortal, and it catches the eye by its princely purity and resplendence.
G. Oprescu said that the embroidery was "a masterpiece that could vie with works by Durer or Holbein".

Răstignirea, broderie (1500)

Detaliu reprezentând portretul lui Ştefan cel Mare.

Crucifixion, embroiderie (1500)

Detail representing the portrait of Stephen the Great.

Răstignirea, broderie (1500)

Detaliu reprezentând portretul Doamnei Maria Voichiţa.

Crucifixion, embroiderie (1500)

Detail representing the portrait of Princess Maria Voichita.

Caracteristică pentru broderia de secol XVII este folosirea catifelei roşii ca fundal pentru imaginile figurative şi pentru motivele ornamentale cusute cu fir de aur.

Seventeenth-century embroideries characteristically used red velvet as background for figurative images and for the ornamental motifs sewn with golden thread.

Acoperământul de mormânt al lui Simion Movilă

Compoziţia păstrează canonul pozei funerare şi sobrietatea necesară unui astfel de portret.

Tomb cloth of Simeon Movila

The composition obeys the rigors of funerary poses and the sobriety appropriate to such portraits.

Acoperământul de mormânt al lui Ieremia Movilă

Spre deosebire de portretul funerar al fratelui său, aici compoziţia nu păstrează canonul, Ieremia Movilă apărând într-o poză autoritară, plină de emfază, o imagine de portret lumesc, fără emoţia „vămilor" viitoare.

Tomb cloth of Ieremia Movila

Unlike the funerary portrait of his brother, this composition does not obey the traditional rigors, Ieremia Movila being presented in an authoritative, emphatic pose, in a lay kind of portrait, far from the demanding future "judgement".

Dvera de la Slatina (1561)

A fost dăruită de Alexandru Lăpuşneanu ctitoriei sale. Voievodul apare în postura de donator împreună cu soţia sa, Doamna Ruxandra. În centrul imaginii, Sfinţii Petru şi Pavel susţinând un templu cu cupolă şi coloane. Doi îngeri sunt aşezaţi în spatele donatorilor şi doi serafimi stau deasupra lor.

The Slatina altar curtain (1561)

Presented by Ruler Alexandru Lapusneanu presented to his famous foundation. He is presented as the donor accompanied by his wife, Princess Ruxandra. In the center, Saint Peter and Paul support a temple with a dome and pillars. Behind the donors there stand two angles and two seraphims.

Text / Text
Mihai Gheorghiu

Legende / Captions
Mihai Gheorghiu
Valeriu Cimpoeru

Versiune engleză / English version
Alina Cârâc

Imagini / Photograph Credits
Dan Ioan Dinescu
Ştefan Petrescu
Mircea Savu

Imagini de arhivă / Archive images
Fundaţia ARTEXPO
NOI Media Print
Colecţii private
Biblioteca Academiei Române

Concepţie grafică / Graphic Design
TANIT DESIGN srl. – Mihaela Dulea
MECENA Consult srl. – Ovidiu Morar

DTP
Gabriel Nicula

Coordonator proiect / Project co-ordinator
Arpad Harangozo

B-dul. Nicolae Bălcescu nr. 18
Bloc Dalles, Bucureşti
Tel.: 021 222 79 72
Fax: 021 202 91 82
e-mail: nmp@nmp.ro